CCSS **Género** Texto e>

MW01048029

Pregunta esencia

¿Por qué son importantes las reglas?

Las reglas del
GOBIERNO

Anton Wilson

Capítulo 1
Las reglas nos protegen

El gobierno crea reglas para proteger a la gente.

Las reglas ayudan a la gente a llevarse bien. Hacen la vida más segura. Si todos cumplen las reglas, todos saben qué esperar. Esto puede mejorar la vida.

El gobierno de nuestro país creó reglas que tú y tu familia siguen todos los días. Hay reglas que cuidan el espacio público. Otras hacen que los alimentos y los medicamentos sean seguros. Otras protegen las ideas o los inventos de la gente. Y otras ayudan a cuidar el ambiente. Protegen a los animales en sus hábitats naturales.

Brandon Hoffman/Getty Images

La gente visita el Parque Nacional de Yellowstone para ver el géiser llamado *Old Faithful*.

Parques nacionales

¿Has visitado un parque nacional? Existen reglas que cuidan estos parques, que están construidos sobre terrenos abiertos al público. El primer parque nacional del mundo fue el Parque Nacional de Yellowstone. Se fundó en Estados Unidos en 1872.

Cada estado tiene al menos un parque nacional, excepto Delaware. El estado con más parques nacionales es California. Washington D. C. tiene cuatro. El parque nacional más grande de EE. UU. está en Alaska. ¡Se extiende por más de 13 millones de acres de tierra!

Los 5 parques nacionales más visitados (2010)

- Montes Great Smoky

- Gran Cañón

- Yosemite

- Yellowstone

- Montañas Rocosas

Cuando pensamos en los parques, solemos imaginar árboles verdes, montañas o incluso desiertos. Pero algunos parques nacionales no son así. Están construidos alrededor de monumentos, campos de batalla u otros sitios históricos. Hasta las calles o rutas pueden ser parques nacionales. Por eso algunas se llaman *parkway*.

Hoy en día, Estados Unidos tiene casi 400 parques nacionales. Algunos son sitios de belleza natural, como el Gran Cañón del Colorado. Otros, como la Estatua de la Libertad, son parte de la historia del país. El Servicio de Parques Nacionales tiene reglas que protegen estos lugares para que podamos disfrutarlos en el futuro.

Capítulo 2
Alimentos y medicamentos

El sello del USDA nos indica que la carne fue inspeccionada.

¿Sabías que existen reglas para garantizar que la comida sea segura? El Departamento de Agricultura de EE. UU. (USDA) controla la carne, las aves de corral (como los pollos) y los huevos. Algunos productos que compras en la tienda traen el sello del USDA.

¿Qué significa ese sello? Indica que la carne es segura para comer y está libre de enfermedades. El sello nos confirma que la etiqueta que está en el envase es correcta.

Es importante desayunar y almorzar bien para aprender mejor.

Almuerzos escolares

El USDA también redacta reglas que las escuelas deben cumplir. Las escuelas públicas suelen dar comida a los estudiantes. Aquellas escuelas que siguen las reglas del USDA reciben más alimentos y dinero. Esto les permite ofrecer desayunos y almuerzos gratuitos o de bajo costo a los estudiantes.

Seguridad alimentaria

El USDA indica cómo manipular y preparar alimentos de manera segura. Elabora fichas informativas sobre la seguridad alimentaria.

Algunos alimentos pueden ser peligrosos si se consumen crudos. Por ejemplo, los huevos, el cerdo y el pollo deben cocinarse a cierta temperatura. Luego de manipular carne cruda o huevos, debemos lavarnos bien las manos y limpiar bien las tablas de cortar y <u>la mesada de la cocina</u>. Eso mata los gérmenes. ¡Cumplir las reglas de seguridad alimentaria salva vidas!

Detective del lenguaje	Reescribe la frase subrayada cambiando <u>cocina</u> por <u>comedor</u>.

Es importante cumplir las reglas de seguridad alimentaria al manipular carne cruda.

Cómo guardar huevos de forma segura

Tipo de huevo	Se puede refrigerar por	Se puede congelar por
huevo crudo	3 a 5 semanas (con cáscara)	1 año (sin cáscara)
huevo duro	1 semana	No se puede congelar.
ponche de huevo envasado	3 a 5 días	6 meses

El gobierno brinda información a los ciudadanos sobre cómo almacenar y servir los alimentos de manera segura. ¿Alguna vez te preguntaste cuánto tiempo se pueden guardar los alimentos en el refrigerador? El gobierno difunde estos datos, como los de la tabla. Puedes averiguar qué temperatura deben alcanzar ciertas carnes, como la de vaca o de pollo, para poder consumirse de forma segura.

Medicamentos

Hay medicamentos que <u>curan a la gente</u> cuando está enferma. Un médico indica qué medicina hay que tomar y la gente la compra en la farmacia. Pero ¿quién controla que los medicamentos sean seguros? El gobierno tiene reglas sobre la seguridad de los medicamentos.

Los medicamentos son analizados por la Administración de Alimentos y Medicamentos (FDA). No pueden venderse ni recetarse hasta que lo autorice la FDA. La FDA analiza los posibles **efectos secundarios** y determina qué cantidad debe tomarse. Finalmente, la FDA puede **aprobar** un medicamento. Recién entonces puede consumirse.

La FDA elabora guías que ayudan a la gente a entender las reglas del consumo de medicamentos.

9

Capítulo 3
Los animales

Es necesario obtener un permiso especial para pescar en ciertos lagos.

Vives en Estados Unidos, pero no es solo el hogar para ti. Es también el hogar de animales y plantas. El Servicio de Pesca y Vida Silvestre de EE. UU. protege los hábitats naturales.

Esa organización se encarga de proteger la naturaleza en Estados Unidos. Crea reglas para la caza y la pesca. Es necesario obtener un **permiso** escrito para cazar o pescar. Si alguien lo hace sin permiso, deberá pagar una multa.

Detective del lenguaje	Reescribe la frase subrayada en la página 9 cambiando <u>gente</u> a <u>pueblo</u>.

FLORIDA

Océano
Atlántico

Área mostrada

Lago
Okeechobee

Golfo de
México

Everglades

Los Everglades de Florida son
el hogar de muchas especies
de animales y plantas.

El Servicio de Pesca y Vida Silvestre de
EE. UU. también protege a las aves y los
humedales donde viven. Algunos pantanos están
protegidos. Quienes quieran andar en canoa
o acampar allí necesitan un permiso especial.
Deben cumplir ciertas reglas para evitar dañar a
los seres vivos de ese lugar especial.

El gobierno de EE. UU. lleva un registro de
plantas y animales en peligro de extinción. Estas
especies podrían desaparecer pronto. Hoy en
día, hay más de 1,000 especies en peligro y las
reglas del gobierno las protegen.

11

Capítulo 4
Reglas para las ideas

La página de derechos de autor de los libros suele estar justo después de la página del título.

¿Sabías que las reglas también protegen las ideas? Los artistas y los escritores usan ideas en sus pinturas o libros. Los músicos convierten sus ideas en canciones. Todas están protegidas por las reglas de los **derechos de autor**.

Piensa en un libro que te guste. Si lo abres, verás una página de derechos de autor. Al exclamar por primera vez "¡Tengo una idea!", probablemente el autor no pensaba en sus derechos. Pero las reglas de los derechos de autor protegen a los escritores, haciendo ilegal que otros copien y vendan el libro sin permiso.

Las compañías registran los nombres de sus marcas para que nadie más pueda usarlos.

Otras reglas protegen los inventos. La Oficina de Patentes y Marcas de EE. UU. le da al inventor una patente. Es un papel que indica que el inventor es el dueño de su invento. Una patente protege una idea.

Si inventaste un producto nuevo, ¿te gustaría que otra persona copiara tu idea? ¡Claro que no! El invento es tuyo y podrías ganar dinero con él. Lo mismo ocurre con libros, obras de arte e ideas comerciales.

Cómo se protegen las ideas

Derecho de autor: protege las obras escritas.

Patente: protege los inventos.

Marca registrada: protege el nombre, logotipo o eslogan de una compañía.

13

Muchos artículos de tu casa tienen patentes.

¿Cómo se protegen las ideas con una patente? Se evita que alguien gane dinero a partir del invento de otra persona. Nadie más puede fabricarlo, usarlo o venderlo sin el permiso del inventor.

Nuestro gobierno da tres tipos de patentes. Las patentes de utilidad son para cosas e ideas nuevas y útiles. Las patentes de diseño son para diseños o decoraciones nuevas. Las patentes de plantas son para nuevos tipos de plantas. Por ejemplo, los agricultores pueden cultivar nuevos tipos de frutas y verduras.

Ya sea protegiendo a la gente o a las ideas, las reglas ayudan a mejorar nuestras vidas. Las reglas del gobierno cuidan nuestra salud, seguridad y derechos. Si sigues las reglas, ayudas a hacer del mundo un lugar mejor.

Resumir

Usa detalles importantes para resumir *Las reglas del gobierno.*

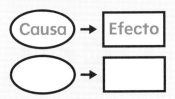

Evidencia en el texto

1. ¿Cómo sabes que *Las reglas del gobierno* es un texto expositivo? GÉNERO

2. ¿Qué llevó al gobierno a crear reglas para los alimentos? CAUSA Y EFECTO

3. Usa lo que sabes sobre palabras de significados múltiples para determinar el significado de *reglas* en la página 2. PALABRAS DE SIGNIFICADOS MÚLTIPLES

4. ¿Por qué es importante tener reglas que protejan los parques nacionales? ESCRIBIR SOBRE LA LECTURA

Compara los textos
Lee sobre por qué son importantes las reglas en las piscinas.

REGLAS EN LAS PISCINAS

Nadar en una piscina es un modo divertido de refrescarse en un día caluroso. Pero si nadas, debes seguir reglas. De esa manera, todos están seguros y se divierten.

Normalmente, las reglas de las piscinas están escritas en un cartel visible. Algunos carteles usan símbolos, los cuales atraen la atención de la gente.

Muchas ciudades tienen piscinas públicas.

16

Tirarse de cabeza

Hay piscinas que tienen un lado profundo con un trampolín. Otras no tienen la suficiente profundidad como para tirarse de cabeza, y al hacerlo uno podría lastimarse mucho. La regla "No tirarse de cabeza" ayuda a que la gente esté segura.

Correr

El modo seguro de circular cerca de una piscina es caminar lento. Correr es peligroso. Uno podría resbalarse sobre el piso mojado, caerse y quebrarse un brazo o una pierna. Por eso, el cartel de "No correr" es importante.

Comer y beber

En la mayoría de las piscinas no se permite comer ni beber en el área de la piscina. Las comidas o bebidas podrían ensuciar el agua.

Comer o beber en los bordes de la piscina es una mala idea. La gente podría resbalarse con restos de comida y las botellas de vidrio podrían romperse. ¡Los pies descalzos y los vidrios rotos son una mala combinación! Muchas piscinas tienen áreas especiales donde comer o tomar algo.

 Haz conexiones

¿Por qué son importantes las reglas en las piscinas?
PREGUNTA ESENCIAL

¿En qué se parecen las reglas de *Las reglas del gobierno* y las reglas de *Reglas en las piscinas*?
EL TEXTO Y OTROS TEXTOS

Glosario

aprobar aceptar algo o considerarlo correcto
   (página 9)

derecho de autor ser el dueño de algo que uno
   escribió o creó y poder ganar dinero por eso
   (página 12)

efectos secundarios otros efectos de un medicamento
   en el cuerpo que, por lo general, son dañinos
   (página 9)

permiso nota escrita que autoriza a una persona a
   hacer algo *(página 10)*

Índice

Enfoque:
Estudios Sociales

Propósito Descubrir por qué son importantes las reglas del salón de clase

Paso a paso

Paso 1 Enumera al menos tres reglas del salón de clase.

Paso 2 Escribe las reglas en la primera columna de una tabla como esta.

Regla	Cómo ayuda

Paso 3 En la segunda columna, escribe una manera en la que cada regla te ayuda a ti y a tu clase.

Paso 4 Comenta con un compañero o una compañera lo que aprendiste.